DICHOTOMIE
ET
PRIVATISATION
SECTORIELLE
DE
L'EDH

DICHOTOMIE ET PRIVATISATION SECTORIELLE DE L'EDH

Abat-Black-Out

Rubens François Titus

Rev. date: 05/20/2014

To order additional copies of this book, contact:
Xlibris LLC
1-888-795-4274
www.Xlibris.com
Orders@Xlibris.com
626854

Autre(s) ouvrage(s) par le même auteur

Roadmap to Haiti's Next Revolution (version anglaise)

Une proposition empirique pour résoudre la crise chronique d'accès à l'énergie électrique en Haiti

Rubens François Titus

Table des Matières

Préambule

A tous les critiques, je veux juste aider ma chère patrie la meilleure façon dont je connaisse; sa cause est sans un secours et son route est sans un phare.

Une fois, une personne de nationalité étrangère m'a demandé de lui décrire Haïti en quelques mots, et ma réponse a été symboliquement comme suit: Haïti est une négresse enfermée dans une chambre noire. Elle est assise sur un tabouret, détenant une seule allumette dans sa main droite et un cierge dans l'autre main; une voile couvre son visage. Elle attend patiemment qu'un nègre, un Haïtien authentique qui est capable de percevoir dans la noirceur, pénètre dans sa chambre, tâte jusqu'à ce qu'il trouve où elle est assise, trouve l'allumette qu'elle détienne, allume sa cierge, enlève son voile, et la conduit par la clarté de sa cierge vers la lumière du soleil. Alors et seulement alors, elle sera révélée au monde entier combien jolie cette négresse est jolie.

Je suis profondément attristé de constater qu'un dialogue de sourd entre compatriotes et contemporains a étouffe les cris revendicatifs du peuple haïtien pendant ces deux cents dernières années. Une nation dépourvue de mécanismes de débats démocratiques, mécanismes à travers lesquels les citoyens peuvent exprimer leur désidérata et revendiquer leurs intérêts communs, est une nation incapable d'atteindre quelconque compromis historique pour sa stabilité politique, cette dernière condition sine qua non si ce peuple aspire à un progrès économique durable. À cet égard, j'invite mes compatriotes haïtiens des classes sociales dominantes à démarrer un échange d'idées sans précédent et organiser un ensemble de débats formels et académiques sur toutes les questions de la vie nationale qui nous tiennent à cœur, en d'autres termes engageons nous patriotiquement à tenir des états généraux apolitiques qui aboutiront à des approches endogènes sur ce qui est meilleur pour le bon avenir de notre nation.

Il ne suffit plus de dire: «J'ai une idée ce que le gouvernement haïtien doit faire ou pas", il est plutôt impératif de développer à fond vos idées en une vision progressiste capable de projeter la nation Haïtienne sur une voix meilleure et de participer activement à dessiner un plan complet pour le bien-être du peuple Haïtien. Brisons le silence et la monotonie qui nous ont tenus captifs depuis trop longtemps.

Les pages suivantes proposent un plan simple mais efficace pour résoudre la crise chronique de l'accès à l'énergie électrique en Haïti. J'aie très peu d'espoir que les autorités oligarchiques haïtiennes actuelles vont l'adopter ou lui donner toute considération, je suis cependant optimiste que l'avènement d'un Parlement Haïtien nationaliste, légitime, et progressiste dans un proche avenir pourrait voir le mérite d'une telle approche dans la résolution de la crise d'accès à l'énergie électrique en Haïti.

Il est à noter qu'il est dénué de sens pour quiconque de stipuler que tout ce que l'EDH a besoin est une meilleure gestion, publique ou privée ou un partenariat public privé à la mode de Natcom-Teleco (comme publié dans Le Nouvelliste le 30 Septembre 2013 « L'EDH ouverte aux investisseurs, ». Il est au contraire plus significatif pour se poser une simple question: quelle est l'approche la plus bénéfique pour résoudre la crise d'accès à l'énergie électrique en Haïti? Si je peux offrir une opinion, je dirais que c'est une approche qui assure aux employés actuels de l'EDH la garantie de maintenir leurs emplois (une façon d'essayer d'éviter les tentatives de suicide comme ça a été le cas a Natcom – Teleco en Août 2011) et en même temps une approche qui rend l'EDH en une entreprise publique gérée efficacement et rentablement; aussi une approche qui génère des opportunités pour la création de nouveaux emplois professionnels; une approche qui aide l'EDH à remplir ses obligations envers ses abonnés et, enfin, une approche qui englobe le concept que, en matière de privatisation, le secteur privé devrait être toi et moi.

Brève Historique de l'Accès à l'Energie Electrique en Haiti

L'accès à un approvisionnement continu de courant électrique n'a jamais été un acquis pour la nation haïtienne. En conséquence, Haiti a vécu la nuit à la claire de lune de nombreuses décennies longtemps après que Thomas Edison perfectionna la lampe à incandescence. Des lampes à acétylène apporta du soulagement à la population dans leurs maisons privées et des lampadaires étaient installés dans quelques quartiers privilégiés de Port-au-Prince dans le temps. George Corvington rapporte « qu'une nouvelle dynamo a été installée pour l'éclairage électrique du Palais national au mois de mars 1907 ». Le gouvernement de Nord Alexis accorda à Emmanuel Gabriel et Helvetius Manigat le 23 juin 1906 une concession pour l'installation et l'exploitation de deux réseaux électriques dans les deux plus grandes villes d'Haiti: Port-au-Prince et Cap-Haïtien.

Environ deux années plus tard, le 13 Août 1908, ayant rien débuté, MM Gabriel et Manigat cédèrent leur concession à un Américain M. Allison Archer. Le 7 Mai 1909, « La Société anonyme d'éclairage électrique de Port-au-Prince et du Cap-Haïtien » est établie avec un capital initial de $250000 qui furent en totalité financés par M. Allison Archer. Ainsi commença les débuts timides de l'EDH par l'apport d'un capital étranger.

Brève Description de la Crise d'Access à l'Energie Electrique

L'EDH fut une entreprise publique ayant le monopole de la génération et de la distribution de l'énergie électrique en Haïti (loi 1971). Son réseau est dans un état lamentable. Le plan d'ajustement structurel de 1994 (SAP) a estimé le coût de la modernisation du réseau de distribution d'électricité de l'EDH à 46 millions de dollars US. Il est généralement connu que l'Etat d'Haïti ne possède pas les fonds nécessaires pour s'engager dans une amélioration rénovatrice du réseau EDH sur toute l'étendue du territoire dans un avenir immédiat ou lointain. Le plus grand barrage hydroélectrique d'Haïti, le barrage de Péligre, est généralement opérationnel à moins de 55 pour cent: parmi les 54 mégawatts de production possible seulement 30 mégawatts de la capacité totale installée est généralement disponible. Tandis que la capitale haïtienne à elle seule requiert une demande de pointe d'au moins 250 mégawatts (année 2012), la capacité totale installée de l'EDH pour l'ensemble du pays n'est qu'un peu plus de 200 mégawatts (incluant la capacité des centrales financées par le Venezuela).

Du point de vue micro-économique, l'EDH a le taux le plus élevé de kilowattheures parmi les compagnies d'électricité des pays de la Caraïbes, et ceci dans une nation où près de 80 pour cent de la population est au chômage direct ou déguisé. Un rapport du FMI a révélé en 1994, que l'EDH dépensa plus de 1.5 millions de dollars US le mois mais rentra seulement 925,000 $ US de revenues mensuelles. Aujourd'hui, peu de gens peuvent spéculer que la situation financière de l'EDH s'est améliorée, en fait, il y a raisons de croire qu'elle s'est empirée. Le taux bas de l'eau du lac de Péligre, probablement causée par de longues saisons sèches et de l'accumulation de limon au fond du lac, aggrave une situation déjà précaire. Mentionnant l'incapacité de l'EDH à respecter ses obligations financières envers ses créanciers pour une dette avoisinant

65 millions de dollars US, il est à souligner que le personnel de l'EDH est relativement jeune et manque d'expérience, une indication d'un taux élevé d'embauchage, de licenciements, ou de départs prématurés.

D'un point de vue technique, l'écart énorme qui existe entre la demande d'énergie électrique de l'ensemble du pays et le volume d'électricité produit par l'EDH contribue également à la détérioration continuelle de son réseau en mettant à risque les turbines hydro-électriques à cause des possibilités de surcharges imprévues du système. Le manque d'expertise, à la fois parmi le personnel de l'EDH ou peut-être que parmi les compagnies privées collaboratrices peut facilement être documenté par des incidents malheureux comme un transformateur s'explosa pendant qu'un autre était en train d'être réparé.

Bien que les compagnies d'électricité à travers le monde soient généralement rentables, l'EDH a généré peu ou presque pas d'intérêts auprès des potentiels investisseurs locaux et internationaux étant l'une des entreprises publiques ciblées pour être privatisée selon le plan d'ajustement structurel de 1994. Plus d'un ont suggéré que les deux principaux obstacles qui ont dissuadé les investisseurs locaux ou étrangers à faire des offres acceptables sont l'opposition du peuple à la privatisation des entreprises publiques et le pouvoir d'achat extrêmement faible de la population haïtienne en général.

Je dis que ce n'est ni l'un ni l'autre. Le principal obstacle dissuadant l'investisseur à s'intéresser à l'EDH est l'article 14 de la loi sur la modernisation des entreprises publiques (MPE).

Il est troublant d'apprendre que quelques entreprises privées de production d'électricité ont vu le jour sur le territoire haïtien durant ces quinze dernières années. Certains membres du Pouvoir Exécutif antécédent, et certains titulaires de certains Ministères ont annoncé publiquement qu'ils ont conclu des accords contractuels avec certaines de ces compagnies d'électricité privées pour la fourniture d'une capacité supplémentaire dans la gamme de 30 à 50 mégawatts sur le réseau EDH. A l'instant de la publication de cet ouvrage, je ne suis pas au courant d'une loi haïtienne qui réglemente le fonctionnement des compagnies d'électricité privées ou même reconnaît leurs droits d'exister sur le sol haïtien.

Une solution à la crise d'accès à l'électricité en Haïti doit être endogène pour avoir une chance de réussir, pas seulement financièrement fiable. Les pages suivantes proposent une solution empirique néanmoins endogène.

Objectifs

A.

Encourager des débats académiques sur la crise d'accès à l'énergie électrique en Haïti

B.

Concevoir un modèle adaptable aux besoins d'Haïti

C.

Éviter des erreurs coûteuses d'une privatisation aveugle

D.

Fournir de l'énergie électrique 24/24 aux abonnés actuels dans un bref délai.

A. Encourager des débats académiques sur la crise d'accès à l'énergie électrique en Haïti

Une de mes plus grandes déceptions en tant qu'un patriote Haïtien est de constater combien il existe très peu d'échanges d'idées et de débats académiques, formels, impartiaux, et non partisans parmi les intellectuels haïtiens. Il est encore plus triste de constater la carence d'institutions dont l'éthique principale serait d'informer le peuple objectivement et s'il en existe quelques unes, elles sont généralement concentrées à Port-au-Prince.

Traditionnellement, la politique électorale en Haïti est infestée par la peste du schisme, et les autorités gouvernementales haïtiennes (habituellement illégitimes) sont généralement prises dans le linceul de l'unilatéralisme; elles ont rarement soumis leurs idées et leurs visions au grand public pour être débattues ou critiquées. Elles prennent constamment des décisions qui déplaisent à presque toute la population, et conséquemment aliènent le peuple qu'elles prétendent aider.

Engageons-nous à débattre une solution durable à la crise d'accès à l'énergie électrique d'une façon apolitique et académique. Ne laissons plus les autorités politiquement oligarchiques dictent à la nation haïtienne ce qui est techniquement meilleur pour Haïti et surtout acceptons de soumettre nos propositions aux critiques d'autrui.

B. Concevoir un modèle de privatisation endogène et adaptable aux besoins d'Haïti

Les nations en voie développement ont des besoins sociaux urgents, souvent ces besoins sont des crises mêmes. Il arrive qu'Haïti, matériellement le pays le plus appauvri de l'hémisphère occidental, a une multitude de besoins assez urgents. Étant donné que tous ces besoins urgents ne peuvent être satisfaits d'un seul coup, un système qui les priorise s'averre nécessaire. La nation haïtienne a deux besoins primordialement pressants: création d'emplois en grande quantité et augmentation substantielle des revenues du trésor public.

Le montant des recettes publiques, et le marché du travail, et la relation de dépendance qui existe entre ces deux données donnent généralement une assez bonne indication si oui ou non une nation se dirige dans la direction de la croissance économique. Dans le cas d'Haïti, les recettes publiques ont augmenté à petits incréments au cours de la dernière décennie, tandis le taux de chômage reste essentiellement le même, avoisinant 87%. Par conséquent, on ne peut déduire que les taxes supplémentaires que l'État haïtien a collectées proviennent d'impôts sur le revenu des citoyens haïtiens qui ont trouvé de l'emploi. Traditionnellement, le gouvernement haïtien continuellement prélève des frais et des taxes de en plus élevés pour les services inadéquats qu'il fournisse à la population haïtienne, il passe aussi beaucoup de temps à créer des services fictifs et inutiles afin d'élargir sa base de revenus.

Oui, dans une nouvelle Haïti, le trésor public sera en mesure d'augmenter ses recettes fiscales sans pour autant surtaxer un peuple déjà appauvri. Plus important encore, l'Etat Haïtien du futur doit être efficace et s'engager pleinement dans des dépenses d'investissements capables de servir comme catalyse dans la création d'emplois durables. Espérons qu'aussi à l'avenir la main invisible cessera de donner des mauvais conseils économiques au l'Etat haitien.

Le fait est que toute proposition qui prétend être bénéfique à la nation Haïtienne doit permettre au trésor public de rentrer des fonds, non pas de les dilapider, doit générer des emplois, non pas réduire le nombre qui existe actuellement, et doit aussi mettre les investisseurs en confiance avec le système.

C. Eviter les erreurs coûteuses d'une privatisation aveugle.

J'ai beaucoup de soupçons sur le bien-fondé de la loi sur la modernisation des entreprises publiques (loi promulguée en Octobre 1996). Cependant, c'est la loi (quoique paradoxalement l'état d'Haiti comme conçu par la Constitution 1987-2011 soit en lui même de facto, oligarchique, et non endogène), et tout effort est à consentir pour établir Haiti en une nation où la loi est un état de droit. Comme je l'ai mentionné ci-dessus, un certain nombre de sociétés privées de production d'électricité sont fonctionnels sur le territoire haitien. Les pouvoirs exécutifs d'alors et d'aujourd'hui ont conclu des concessions néfastes avec ces compagnies au nom du peuple haïtien. Cela me semble être un début de privatisation de l'EDH ou bien une privatisation en catimini par la porte arrière. Il y a cependant un problème: la loi sur la MPE ne prévoit pas une privatisation par la porte arrière. Conséquemment, l'Etat haïtien est en violation de la loi sur la Modernisation des Entreprises Publiques toutes les fois qu'il a accepté d'acheter l'électricité des entreprises privées mentionnées au début. Cependant, la loi de 1971 qui a crée l'EDH et qui lui a donné le monopole de la production d'électricité lui a aussi permis d'acheter du courant électrique au cas de besoin majeur. Est-ce qu'une loi promulguée durant la dictature duvaliériste serait encore applicable? Les experts dans la matière ont du pain sur la planche si ils sont concernés de l'avenir de la nation haïtienne.

Néanmoins, la privatisation aveugle fait mal aux nations les moins développées. La Téléco est privatisée d'une manière unilatérale par un pouvoir exécutif ayant trop de pouvoir attribué à lui par une constitution oligarchique; je ne suis pas au courant qu'un institution académique et apolitique ou l'ensemble des citoyens haïtiens concernés ont eu la chance de discuter le bien-fondé de l'offre de privatisation de la Téléco; donc arbitrairement l'exécutif a conclu la vente de la Téléco à Natcom. La loi sur la MPE n'ordonne pas que toute offre de privatisation doit contenir une analyse sur l'impact que la dite privatisation aura sur le bien-être de la population haïtienne. N'est-ce pas étonnant? On se demande si les auteurs de la loi sur la MPE furent au courant des mauvais résultats obtenus dans d'autres pays moins avancés qui ont adopté des modèles de privatisation aveugle de leurs propres entreprises publiques et qui se sont éloignés de ce modèle.

Quand une nation s'est descendue en enfer, comme c'est le cas pour Haïti, sa marge d'erreur est infiniment petite, parce que la plus petite peut être catastrophiquement brûlante. Sur la voie de la privatisation endogène des entreprises publiques en Haïti, les erreurs d'hier ne doivent plus être tolérées aujourd'hui.

D. **Fournir de l'énergie électrique 24/24 aux abonnés actuels de l'EDH**

En cette ère de l'informatisation et d'accès instantané à l'information, il est difficile de concevoir que la nation haïtienne peut économiquement croître et prendre avantage de la mondialisation de la production sans résoudre sa crise d'accès à l'énergie électrique. Dans les pays les plus développés, l'accès à l'énergie électrique est pris pour de l'acquis, alors que dans les pays les moins avancés, l'accès à l'électricité est un luxe (tandis qu'il reste une nécessité quotidienne).

Durant ces vingt dernières années, l'EDH est devenu de moins en moins un atout utile au besoin d'accès à l'énergie électrique du peuple haïtien. De nombreux ménages et entreprises privées ont pris des mesures appropriées pour générer et s'alimenter eux mêmes en courant électrique. Par conséquent, les batteries de voiture, les inverseurs et les générateurs électriques portables sont devenus des objets très précieux en Haïti; les entreprises privées remuent ciel et terre chaque jour pour se fournir cette énergie précieuse si elles veulent continuer à opérer et surtout survivre dans une économie haïtienne perpétuellement dans un état de stagnation. Bien sûr, cette prolifération des batteries de voitures dans les maisons et des générateurs électriques fonctionnant à plein rendement dans les grandes entreprises un peu partout dans le pays a pollué encore davantage l'air malsain que le peuple haïtien respire chaque jour. Ça ne me surprend pas car apparemment il n'existe pas encore en Haïti une institution académie apolitique dédiée à diminuer le niveau de pollution dans l'air d'Haïti.

Je préconise un plan de privatisation endogène de l'actuel EDH; un plan qui enlèvera à la population la responsabilité de générer sa propre alimentation en courant électrique ou d'acheter et de faire installer ses propres pylônes, un plan qui sera bon pour les entreprises privées et simultanément conscient de la nécessite de protéger l'environnement haïtien et la santé de la population haïtienne, un plan qui ne nécessitera pas que l'Etat Haïtien s'engage dans des concessions néfastes au trésor public ou emprunte des capitaux énormes de l'étranger pour pailler une entreprise publique archaïque avec un réseau vétuste mais plutôt lui permettra de fournir de l'électricité 24/24 aux abonnes où l'EDH possède déjà un réseau en place.

Accomplissements

A. Obéir à la volonté du la majorité

B. Redéfinir le terme «investisseurs privés»

C. Rendre l'EDH immédiatement rentable par une dichotomie

D. Préserver à l'EDH le monopole de la génération de l'énergie électrique

E. Etablir un nouveau modèle d'échanges commerciaux entre le secteur public et privé

A. Obéir à la volonté du la majorité

Bon nombre d'Haïtiens se sont opposés à la privatisation aveugle des entreprises publiques quelques temps après le retour du président du 16 Décembre 1990. Je crois fermement que ce que le peuple haïtien craignait le plus n'était pas l'idée de privatisation en elle-même (car la plupart des entreprises publiques d'Haïti ont pris naissance à partir des concessions que l'Etat d' Haïti a accordé à des investisseurs privés), mais plutôt un accaparement hostile des entreprises publiques par des intérêts étrangers qui ne sont pas concernés des besoins sociaux et économiques de la nation Haïtienne et ne soucient pas des intérêts primaires du peuple haïtien.

La plupart des Haïtiens sont convaincus que les entreprises publiques haïtiennes sont corrompues, mal gérées et inefficaces. À cet égard, bon nombre d'Haïtiens soutiennent l'idée qu'une nouvelle approche s'avère nécessaire pour remédier à l'inefficacité dans les entreprises publiques. Cependant, le peuple haïtien exige que cette nouvelle approche soit endogène, non néo-colonialiste, concertée, révolutionnaire, inclusive, et nationale. Par conséquent, dans un effort pour respecter l'opinion de la majorité, nous avons opté de proposer un plan de privatisation de l'EDH qui n'est pas en violation ou en contradiction avec les desiderata du peuple haïtien.

B. Redéfinir le terme "investisseurs privés"

Pour de nombreux Haïtiens, le terme «investisseurs privés» signifie d'abord l'élite antipatriotique de l'économie haïtienne et ensuite les étrangers riches et ethnocentriques; le terme donne également l'image d'une communauté internationale ingrate, des compagnies multinationales qui semblent déjà avoir trop de fortunes, mais sont encore sont insatiables et continuellement à la recherche de nouvelles richesses dans les pays moins avancés.

Le peuple se méfie de l'élite économique haïtienne; elle est vue comme une aristocratie régressive établie de longue date en Haïti, qui ne cherche toujours rien de moins que le monopole dans le domaine de l'importation au détriment des besoins bénéfiques de manufactures au niveau local. Il est populairement admis que l'élite économique haïtienne est essentiellement moribonde, ne s'est jamais élevée à la grandeur de son être, ne s'est jamais donnée un défi patriotique, n'a jamais plaidé pour un plan de développement économique cohérent et durable, n'a jamais tenté d'engager Haïti sur la voix du progrès et de la croissance économique, et généralement évite de payer des impôts (au Trésor Public). Le scepticisme du peuple haïtien sur l'élite économique haïtienne doit être bien fondé.

Cette proposition empirique crée un processus de privatisation qui assure aux consortia intéressés dans l'achat ou l'acquisition d'un ou de plusieurs secteurs du réseau externe de l'EDH la possibilité de le faire en ayant la même chance que quelconques autres consortia. Donc, la possibilité d'en acquérir une partie du réseau externe de l'actuel EDH ne dépendra pas uniquement du montant du capital dont un consortium disposera ou même de sa réputation ou savoir-faire mais plutôt d'un tirage au sort. Par conséquent, le secteur privé, local ou international, peut désormais être considéré comme toi et moi.

C. Rendre l'EDH immédiatement rentable par une dichotomie

Il n'est pas primordial de déterminer exactement quand durant son existence que l'EDH est devenu non rentable; il n'est non plus pas nécessaire d'analyser, d'énumérer, ou d'élucider les causes fondamentales de la non rentabilité de l'EDH car des études ont été effectuées sur elles par des experts nationaux et internationaux et des papiers ont été publiés à cet égard. La stratégie principale doit être d'abord d'isoler l'actuel EDH des causes de sa non rentabilité d'où la dichotomie, et ensuite de les mitiger graduellement.

En Amérique du Nord, l'électricité est une commodité; ça s'achète et est revendue. Un réseau complet d'accès à l'énergie électrique est conceptuellement divisé en deux sous réseaux: un réseau de production d'électricité et un réseau de distribution de l'énergie électrique aux abonnés. Le réseau de production d'énergie électrique comprend les barrages hydrauliques, les centrales à mazout ou au charbon naturel, les centrales nucléaires, les lignes de transmission à hautes tensions partant des centrales jusqu'aux sous-stations (énergie entrante). Le réseau de distribution comprend les sous-stations (énergie sortante), les lignes urbaines à moyennes ou basses tensions, les transformateurs jusqu'aux compteurs électriques dans les locaux des abonnés. Donc, une dichotomie conceptuelle et juridique de l'actuel EDH est non seulement plausible mais impératif.

Le réseau de distribution du courant électrique est généralement très coûteux à maintenir et ajoute un coût substantiel au budget de dépenses de l'EDH. Les catastrophes naturelles comme les tremblements de terre et les intempéries causent des dommages considérables aux réseaux de distribution. En outre, des incidents prévus et imprévus tels que le sabotage, des prises illégales, des collisions de véhicules avec les pylônes électriques urbaines, l'épuisement des fils de transmission, et la durée de vie des pylônes rendent que le budget de maintien du réseau externe ne cessera d'augmenter.

Une privatisation du réseau de distribution externe de l'actuel EDH permettra à l'EDH dichotomisé de réduire instantanément son budget de dépenses d'un montant significatif et d'atteindre la rentabilité immédiatement après la dichotomie. La dichotomie n'est pas seulement possible, impérative, mais aussi l'approche la plus efficace.

D. Préserver à l'EDH le monopole de la production d'énergie électrique

L'idéologie et la politique de la libre entreprise comme prônée par les purs capitalistes ne seront jamais la meilleure approche politique pour garantir aux citoyens d'une nation l'accès idem et la même chance de poursuivre une vie meilleure. Une nation où l'état se lave les mains et laisse le champ libre aux idéologues capitalistes est un pays où la population est livrée aux pratiques déloyales, et néfastes de l'élite économique, monopolisatrice des biens et richesses de cette même nation. Après tout, les entités commerciales privées sont légitimement motivées par le profit, non pas par le désir de voir résoudre les problèmes sociaux. L'état non oligarchique, endogène, nationaliste, et progressiste est au contraire motivé uniquement par le bien-être de la société. Par conséquent, cet état (dans le cas d'Haiti le pouvoir étatique est monopolisé par un exécutif oligarchique) ne saurait se désengager et remettre aveuglement toutes les clés de l'EDH à un soi-disant partenaire investisseur (comme ce fut le cas de la privatisation sans audiences publiques de la Teleco-Natcom) et en même temps prétendre avoir pris la décision la plus bonne et la plus efficace et la plus avantageuse pour Haiti.

Le peuple Haïtien rêve d'établir un nouvel état dont la forme garantira que l'état sera toujours un catalyseur à côté du peuple dans sa poursuite continuelle vers le bonheur. Pour ainsi dire, il est impératif que la privatisation d'une entreprise publique soit totalement dans l'intérêt économique et social du peuple Haïtien. Pour que ce soit ainsi, l'état d'Haïti de l'avenir par l'intermédiaire du pouvoir exécutif ne publiera plus des appels d'offres sur le marché international sans avoir tenu au préalable des audiences publiques et obtenir une autorisation du parlement haitien mais plutôt trouvera un modèle de privatisation qui permettra à l'état de continuer à protéger les intérêts de la nation tout en permettant à des investisseurs privés d'injecter du capital neuf dans le système publique et en tirer un profit à court et à long terme L'état d'Haïti restera encore faible pendant quelque temps donc lui enlever la chance d'augmenter ces recettes en adoptant un modèle de privatisation à la Natcom pour l'EDH par un pouvoir exécutif oligarchique et déjà trop puissant sera encore une autre fois une concession néfaste et en contradiction avec les meilleurs intérêts de la nation haïtienne L'état haïtien de l'avenir devra continuer d'augmenter ses revenus sans accabler davantage un peuple déjà aux abois.

Préserver à l'EDH le monopole de la production d'énergie électrique non seulement garantit à l'état d'Haïti cette source continuelle de revenus, mais aussi lui permet un levier par lequel de régulariser le taux et le prix du Kilowattheure de l'électricité dans les années et décennies à venir si le besoin s'averre nécessaire.

E. **Etablir un nouveau modèle d'échanges commerciaux entre le secteur public et privé**

A l'aval de chaque grossiste existent un ou des détaillants. Il y a une relation de dépendance entre grossiste et détaillant, une qui assure la survie des deux. Plus significatif encore est que cette relation peut être non contractuelle (contrairement à celle d'une franchise). En d'autres termes, le détaillant peut fonctionner indépendamment du grossiste et vice—versa, chacun guidé par ses propres principes et politiques internes. En outre, le plus efficace et effectif que le détaillant soit, le plus d'affaires que ce dernier peut apporter en retour au grossiste.

À cet égard, cette proposition empirique fait de l'EDH un grossiste dans le marché de la vente et de la commercialisation de l'électricité en Haiti; les nouveaux consortia seront en effet des détaillants (ou des revendeurs) dans ce même marché. L'EDH produira et vendra de l'électricité en gros à touts les points reliant le réseau interne de l'EDH au réseau externe (alors privatisé) des nouveaux consortia qui auront à leur tour le droit légal de la revendre à leurs consommateurs abonnés à un taux par kilowattheure qui non seulement permettra aux consortia d'en tirer un profit budgétaire mais dépendra de plusieurs facteurs comme la dimension du secteur, la position géographique du secteur, la valeur monétaire du secteur, le montant débité à l'état durant la vente aux enchères par le consortium etc . . . .

La relation de dépendance entre grossiste et détaillants a survécu à l'épreuve du temps dans de nombreuses sociétés. En aval de la dichotomie, la clientèle de l'EDH se constituera seulement des nouveaux consortia privés; l'EDH n'aura plus une liste de 350.000 abonnés à plaire et un réseau (de distribution de l'énergie électrique) externe et national et très coûteux à maintenir. Cette proposition empirique est totalement opposée au modèle de privatisation E-Power / Sogener / ASERVIN que des membres des pouvoirs exécutifs antérieurs ont négocié aveuglément au détriment des intérêts du peuple haitien. L'EDH va maintenant produire et vendre des mégawatts d'électricité à E-Power, à Sogener, et à ASERVIN <<si ces derniers sont intéressés à acquérir des secteurs du réseau externe et devenir des consortia de distribution, de la vente, et la commercialisation de l'énergie électrique en Haiti>>.

Procédures

A.
Dichotomie

i. Définition de la Dichotomie. ii. Schéma du Réseau Typique. iii. Physionomie de la Dichotomie de l'EDH. iv. Avantages et Bienfaits d'une Dichotomie.

B.
Sectorisation Physique

i. Définition géographique d'un Secteur ii. Création des Secteurs iii. Points d'Intersection. iv. Schéma du Réseau Sectorisé.

C.
Brèves Directives Economiques

i. Taux, Budget, et Prévisions.

D.
Procédures de La Privatisation Sectorielle

i. Annonces au Public. ii. Audiences Publiques. iii. Crédences des Consortia. iv. Tirage au Sort. v Ventes aux Enchères. vi. Passation.

Dichotomie

i.   Définition de la Dichotomie

Le dictionnaire 'Le Robert' définit le terme «dichotomie» comme suit: une division en deux parties, ou en deux sortes, ou bien une subdivision en deux moitiés. Dans cette proposition empirique, la dichotomie est une subdivision en deux parties avec des points de connexion physique entre elles. Théoriquement, la dichotomie est conceptuelle et juridique. Physiquement, le réseau de l'actuel EDH restera unifié et continuel; aux points de transfert (ou de connexion), l'électricité devient un produit commercial à vendre en gros aux nouveaux consortia privés.

ii. <u>Schéma typique d'un réseau électrique (D'un bout à l'autre)</u>

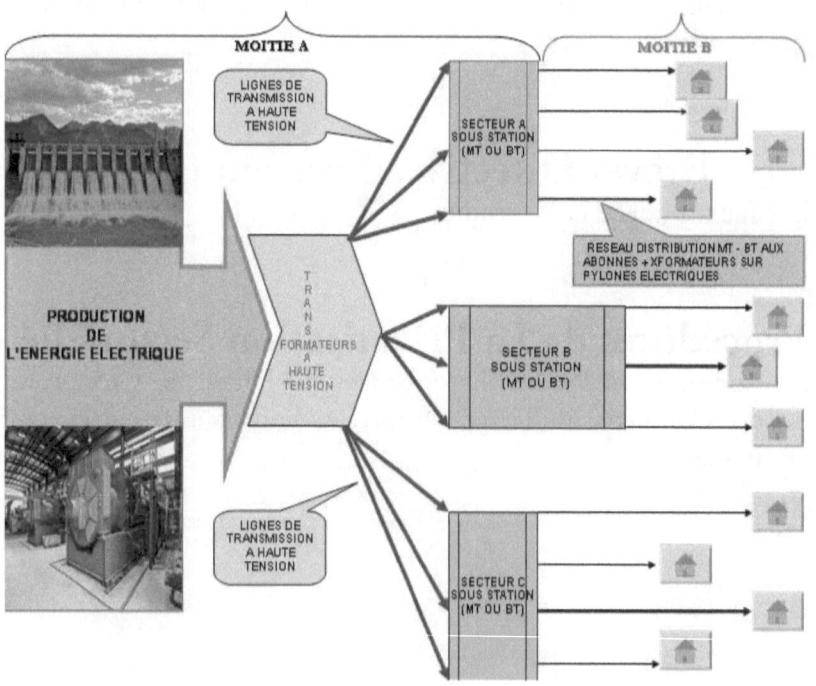

iii. **Physionomie de la Dichotomie de l'EDH**

Le schéma montre qu'il est faisable de diviser le réseau de l'actuel EDH conceptuellement, juridiquement, et physiquement en deux sous—réseaux: une moitié A réseau interne et une moitié B réseau externe. Quoique des transformateurs à haute ou moyenne tension, (variables ou non variables) placés en cascade tout au long du réseau jusqu'aux sous-stations fournissent déjà des points de démarcation, ces derniers ne constituent pas des points de connexion qui définissent clairement des secteurs géographiques spécifiques. Ce qui est remarquer est que l'ensemble du réseau électrique de l'EDH, depuis les centrales de génération du courant électrique jusqu'aux compteurs des abonnés contient des points de transformation de la tension du courant électrique, des points qui définissent ou alimentent un secteur géographique particulier. Ces points sont les sous-stations qui fournissent du courant à une zone géographique particulière ou un secteur spécifique (desservant un certain nombre d'abonnés industriels ou non). Les sous-stations limitrophes sont des points inertes à travers desquels des mécanismes actifs de contrôle peuvent être placés, par exemple des compteurs industriels (de grande capacité). Pour ainsi dire, une sous-station limitrophe deviendra la frontière juridique entre l'EDH dichotomisé moitié A et un secteur respectif (moitié B) acquis par un consortium privé durant les procédures de la privatisation sectorielle (celles ci élaborées dessous). Les sous-stations qui alimentent un secteur spécifique et géographique du territoire paraissent être les endroits idéals où des compteurs spéciaux peuvent être placés pour chronométrer le volume d'électricité consommé pour chaque secteur à privatiser.

Après la dichotomie et la privatisation sectorielle, juridiquement la responsabilité du nouveau EDH ne va pas au delà des compteurs installés dans les sous-stations sectorielles limitrophes. Le nouveau EDH sera constitué légalement du réseau interne (moitie-A), c'est à dire toutes les centrales électriques, les lignes à haute tension jusqu'aux compteurs spéciaux installés dans les sous-stations limitrophes. Le reste du réseau de l'actuel EDH sera donc privatisée. C'est la dichotomie.

iv. **Avantages et Bienfaits de la Dichotomie**

Les avantages et bienfaits du modèle de privatisation basé sur la dichotomie sont nombreux pour l'EDH et l'État Haïtien; énumérons quelques uns: une réduction significative des coûts opérationnels de l'EDH, un partage des risques connues et non connues avec les consortia privés, l'efficacité économique d'un EDH dichotomisé, un recouvrement rapide des capitaux investis, une liste d'abonnés très réduite et (courte), et ainsi de suite.

Le premier avantage de loin à l'EDH est essentiellement l'élimination presque totale des coûts de maintien du réseau externe. En supposant que le réseau externe est complètement privatisé, alors l'EDH n'aura plus la responsabilité d'acheter et de placer les pylônes électriques, ou celle de maintenir les transformateurs qui alimentent directement les abonnés urbains, ou bien de posséder toute une flottille de véhicules et de camions spécialisés pour la réparation et le maintien du réseau externe urbain; l'EDH n'aura plus la tâche de brancher ou de débrancher des abonnés en se faisant accompagner par des policiers et ainsi de suite. Si l'EDH n'est plus responsable du maintien du réseau externe, on peut présumer sans inquiétude que ses dépenses seront considérablement réduites, tandis que ses revenues resteront essentiellement les mêmes quelque temps après la dichotomie et (éventuellement augmenteront). Les consortia privés seront désormais responsables et peut être auront plus de succès à collecter les factures des abonnés.

Le deuxième avantage que ce modèle apporte est un partage des risques avec les consortia privés. Après que la privatisation sectorielle rentre en effet, les consortia privés seront entièrement responsables de l'entretien, du maintien et de l'expansion de leurs réseaux (externes) respectifs. Risque est tout incident qui peut avoir un impact négatif sur l'ensemble du réseau électrique, interne ou externe. Par exemple, si une intempérie provoque des dégâts dans le réseau externe (dans un ou plusieurs secteurs) l'EDH dichotomisé n'aura pas à dépenser ses ressources directement pour réparer les dommages car il sera la responsabilité des consortia propriétaires des secteurs affectés (mais cependant l'EDH dichotomisé souffrira d'une réduction de son chiffre d'affaires en conséquences). De l'autre côté, si quelconque désastre naturel endommage le réseau interne (réseau EDH dichotomisé) l'EDH sera juridiquement le seul responsable pour effectuer les réparations nécessaires pour pouvoir recommencer dans les plus brefs délais à alimenter les consortia privés en énergie électrique aux points de transfert, (mais alors les consortia privées souffriront des pertes de revenus en attendant que l'EDH complète les réparations). Ceci est le partage des risques. Historiquement, l'Etat d'Haïti assume à lui seul les risques lors de l'attribution des concessions à des sociétés privées, nationales ou étrangères; un changement radical (une volte-face) dans cette pratique politique néfaste est souhaité depuis très longtemps.

On s'attend aussi à une augmentation de l'efficacité dans la gestion de l'EDH dichotomisé vu que ce dernier pourra concentrer ses talents et ses ressources sur l'amélioration de réseau interne primordialement. On anticipe que toutes les fois l'EDH dichotomisé investit des fonds dans l'amélioration du réseau interne, il sera plus facile pour lui de les récupérer car son clientèle sera seulement les consortia privés qui auront acquis (ou acheté) un ou des secteurs du réseau B externe de distribution de l'énergie électrique.

Quoique ce modèle de privatisation garantira l'autonomie des consortia privés de l'EDH dichotomisé, les deux entités ne seront pas totalement indépendantes l'une de l'autre. L'EDH dichotomisé et les consortia privés devront communiquer et établir des comités ad hoc pour résoudre des problèmes techniques qui affectent le réseau sur toute son intégralité. L'EDH dichtomisé n'aura pas le pouvoir de régularisation sur le fonctionnement des consortia privés; cette tâche est réservée à un ministère ou à un organisme public autonome créé à cet effet.

Sectorisation Physique

i. Définition d'un Secteur

Un secteur géographique est conceptuellement défini comme l'ensemble des abonnés desservis par une sous-station. Légalement, un secteur est définie comme l'ensemble des équipements, des fils, des pylônes électriques et des lignes de transmission qui permettent à l'électricité de circuler à partir d'un sous-station (point de transfert ou de vente) jusqu'aux compteurs électriques des abonnés urbains ou industriels.

ii. Création des Secteurs

Géographiquement, les secteurs existent déjà. La tâche principale sera de cartographier légalement le contour géographique de chaque secteur pour conter le nombre d'abonnés actuels et évaluer le potentiel économique de chaque secteur en prévision de la vente aux enchères. Un secteur est une unité dans le processus de la privatisation sectorielle, d'où la nomenclature de "privatisation sectorielle". Une équipe d'ingénieurs, d'économistes, d'experts en urbanisme de concert avec l'actuel EDH sera chargée de la tâche d'identifier et de cartographier chaque secteur.

iii. Points de Transfert

Les points de transfert (ou points de vente) sont les endroits où les compteurs industriels seront introduits dans le réseau et où légalement la responsabilité de l'EDH dichotomisé se termine et où la responsabilité des consortia privés commencera. Par conséquent, les points de transfert seront les endroits où l'EDH dichotomisé mesurera la quantité d'électricité demandée et utilisée par chaque secteur. Étant donné que les parties intéressées, les consortia privés, auront la possibilité d'acquérir un ou plusieurs secteurs au cours de la vente aux enchères, il doit y avoir un moyen par lequel l'EDH dichotomisé sera en mesure de chronométrer le kilowattheure secteur par secteur. Le compteur sectoriel placé stratégiquement ainsi indiquera le point de départ de l'énergie électrique vers les abonnés urbains et industriels pour chaque secteur particulier. Les compteurs sectoriels doivent être sous surveillance jour et nuit et être logés dans des cabines spécialement construites et être accessibles seulement aux personnes autorisées. Ces compteurs électriques sectoriels permettront à l'EDH dichotomisé d'émettre mensuellement des factures aux consortia privés pour chaque secteur dépendamment et en conséquence de réclamer de chaque consortium privé un montant d'argent pour chaque secteur respectivement.

iv. Le schéma illustre le concept (dichotomie et sectorisation)

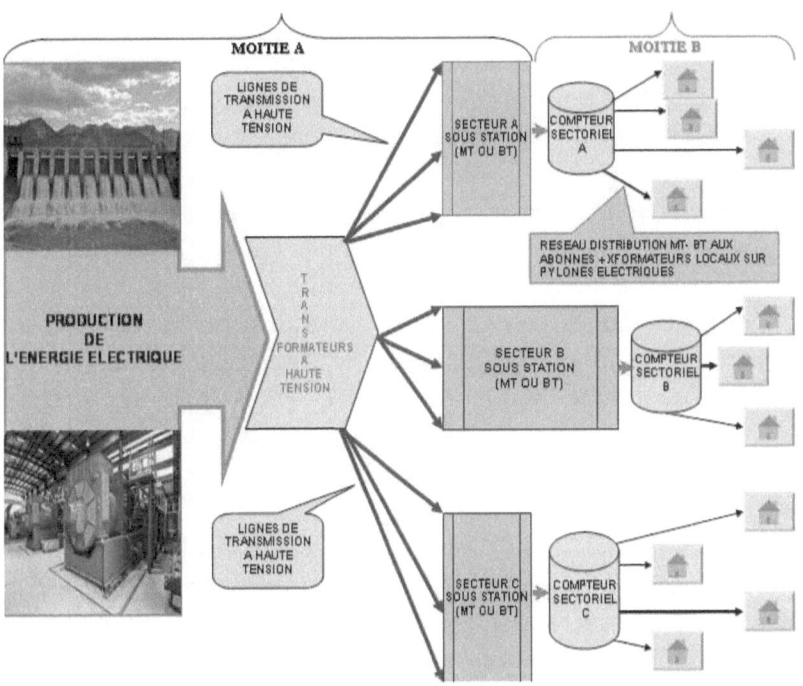

Brèves Directives Economiques

i. Prix de vente, Budget, Kilowattheure, et Prévisions Economiques

Quoique physiquement les secteurs existent déjà, l'envergure d'une privatisation sectorielle exige que la création des secteurs soit soumise à un processus méticuleux. La détermination du montant d'offre initial pour chaque secteur pendant la vente aux enchères et le prix de vente du kilowattheure devront être le résultat d'analyses économiques minutieuses, et exhaustives. L'analyse économique visera à déterminer deux facteurs principaux:

1. Projeter ou estimer le nouveau budget de dépenses de l'EDH dichotomisé pour pouvoir calculer le taux par kilowattheure que l'EDH sera autorisé à débiter pour l'énergie électrique vendue aux consortia privés.

2. Projeter ou estimer la valeur monétaire de chaque secteur pour pouvoir déterminer le taux par kilowattheure que chaque consortium privé sera autorisé à facturer à leurs abonnés. (Vu que ce modèle rende les consortiums privés des franchises monopolistiques qui achètent de l'électricité d'une entreprise publique, une loi parlementaire (non pas un décret-loi) réglementant leur fonctionnement sera nécessaire pour assurer que le public reçoit un service adéquat.)

J'ai hâte de connaître le nouveau budget de l'EDH dichotomisé. Cette valeur sera la boussole ou la plaque tournante par laquelle cette proposition empirique sera jugée bonne ou mauvaise, elle sera utilisée en conjonction avec la valeur monétaire d'un secteur pour calculer à quel prix par kilowattheure que l'EDH (et la loi) vendra de l'électricité à chaque consortium privé. Une fois que ce prix est connu, il sera utilisé en conjonction avec la valeur monétaire d'un secteur pour calculer le taux de kilowattheure qu'un consortium privé à son tour sera autorisé à débiter à ses abonnés. Pour déterminer les deux taux de kilowattheure, le Conseil sur la Modernisation des Entreprises Publiques (CMPE) s'efforcera de trouver un équilibre soutenable à long terme qui soit juste et équitable pour toutes les parties engagées dans ce processus de résolution de la crise d'accès à l'énergie électrique en Haiti. Un équilibre juste doit tenir compte au moins des facteurs suivants:

1. L'EDH dichotomisé doit avoir une marge de profit raisonnable.
2. Les consortia privés devraient pouvoir recouvrer leurs capitaux investis sur une période de temps ne dépassant pas cinq années.
3. Les consortia privés doivent être permis de bénéficier d'une marge de profit raisonnable, même après avoir récupéré leurs capitaux initiaux.

En outre, l'analyse économique de marché indiquera si ou non un secteur est suffisamment grand pour être viable et aussi guidera le CMPE à choisir la séquence la plus efficace selon laquelle les secteurs devraient être privatisés. Deux secteurs (géographiques) peuvent être combinés, définis légalement comme un secteur, et privatisés en tant que tels. Un modèle contenant tous les variables et non variables (valeur monétaire d'un secteur, montant du à la vente aux enchères, estimation du montant dépensé par un consortium pour démarrer, le durée du recouvrement des capitaux investis et la marge de profit d'un consortium) doit être crée non seulement pour analyser les différents scénarios et mais aussi faire des prévisions à court et à long terme: l'expansion de l'EDH dichotomisé, inflation ou déflation dans l'économie nationale, dettes courantes de l'EDH , le pouvoir d'achat des abonnés par secteur géographique donné, et ainsi de suite.

La valeur monétaire d'un secteur légalement défini dépendra en majeur parti d'une estimation des dépenses et recettes qu'un consortium aura à endurer sur cinq années consécutives après l'achat de son secteur; elle dépendra aussi sur les risques connus et non connus du secteur en question. Cette valeur monétaire peut être estimée en utilisant la formule (Valeur Actuelle d'un Investissement P) où $(P = A (P / A, irr, N)^N$. N sera le nombre d'années qu'il faudra au consortium privé pour récupérer son investissement initial, généralement cinq années (l'analyse des variables guidera les décisions finales). Le taux de bénéfice interne (irr) est équivalent au taux de profit ajouté au taux d'inflation sur N nombre d'années. A représentera le montant de bénéfice du consortium d'année en année. Calculé ainsi, la valeur monétaire P doit être le montant duquel le CMPE (ou autre institution autonome et compétente) démarre la vente aux enchères pour chaque secteur particulier légalement défini.

Procédures de La Privatisation Sectorielle

i. Annonces au Public

Il est recommandé que toutes les informations nécessaires concernant la création des secteurs soient publiées régulièrement à la fois dans le journal officiel de l'Etat d'Haïti et dans des journaux populaires et magazines académiques (ayant une envergure nationale).

ii. Audiences Publiques

Le CMPE (ou autre institution publique, autonome, et compétente) doit mettre régulièrement (sur une période de temps à déterminer) à la disponibilité du public en général des heures d'audiences pour recueillir les suggestions et surtout entendre les points de vue des citoyens soucieux ou des institutions compétentes dans la matière. Le CMPE fera de son mieux pour encourager le public à s'y intéresser.

iii. Créances d'un Consortium

Les Haïtiens du terroir, aussi bien que ceux de la Diaspora Haïtienne doivent sincèrement être encouragés à former des consortia (Sociétés Anonymes d'Investissements) dans le but d'investir dans ce secteur vital de l'économie nationale haïtienne, l'énergie électrique. La loi sur la Modernisation des Entreprises Publiques exige déjà quelques conditions requises qu'un consortium doit satisfaire pour pouvoir participer au tirage au sort et peut-être aux ventes aux enchères. Un consortium doit satisfaire d'autres crédences additionnelles telles que suivent:
   a. Fonds en quantité suffisante, disponible dans une banque locale
   b. Minimum d'expertise dans la gestion d'entreprise de services (publics ou privés)
   c. Pas plus que 50% des actionnaires résidents hors d' Haiti.

iv. Tirage au Sort

Les consortia qui satisfont les crédences ci-dessus (et toutes les conditions requises par la loi sur la MEP) seront invités à participer au tirage au sort pour chaque secteur à privatiser, séparément. Un consortium sera libre de rejeter une invitation à participer à quelconque triage au sort. Les quelques premiers gagnants d'un tirage au sort seront invités à préparer leurs offres d'achat et à participer à la vente aux enchères qui en aura lieu dans une date ultérieure. Les tirages au sort doivent être télévisés et (annoncés au préalable dans les media locaux).

v. Ventes aux Enchères

Les ventes aux enchères doivent être aussi télévisées (et annoncées au préalable au public dans les medias locaux). Au moins la moitié du montant final de la vente aux enchères doit être mise à disposition du trésor public de l'Etat d'Haiti dans les soixante douze heures qui suivent la clôture de la vente aux enchères; la balance doit être honorée au moins vingt quatre heures avant la signature du contrat de passation.

vi. Modalités de Base du Contrat de Passation

Tout contrat de passation doit contenir des clauses de partage de risques, stipuler les droits non aliénables de l'EDH dichotomisé, et des consortia, doit donner la garantie que les employés de l'actuel EDH garderont leurs emplois pour une période de dix années consécutives (soit avec l'EDH dichotomisé soit avec l'un des consortia), et doit réserver à l'état d'Haiti le privilège de lancer une action en justice pour requérir un secteur d'un consortium qui aurait violé un contrat signé.

vii. Signature de Contrats et Passation

Chaque consortium gagnant sera accordé un délai juste et approprié pour trouver un local ou pour bâtir un immeuble pour loger son bureau de service à la clientèle dans la zone géographique de son secteur particulier, et pour embaucher le personnel qui lui convient. Chaque consortium gagnant sera responsable d'informer le CMPE (ou autre institution compétente) quand il est prêt pour la passation et la signature du contrat. La somme versée par un consortium au trésor public pourra être utilisé pour couvrir les dépenses d'installation des compteurs aux points de transfert ou d'interconnexion dans les plus brefs délais (voir Schéma II). Le CMPE aura la tâche de vérifier et de confirmer si oui ou non un consortium est prêt pour la passation La signature du contrat et passation peuvent être annotées à la même date. Les compteurs aux points de transfert devront être activés en présence des autorités compétentes, et des témoins oculaires de la société civile.

Conclusion

L'actuel EDH est défaillant, déficitaire, et survit grâce à la subvention qu'il reçoit de l'état. Privatiser le réseau externe de l'actuel EDH le rendra rentable et capable de continuer à opérer sans avoir besoin d'être subventionné. Donner à l'EDH dichotomisé un monopole sur l'ensemble du réseau de la production d'électricité, le réseau interne de l'actuel EDH, lui garantira une source sûre de revenues. Par conséquent, la privatisation néo-colonialiste des entreprises publiques est à rejeter; celle endogène est à embrasser L'avènement des sociétés anonymes de production d'énergie électrique comme ASERVIN, SOGENER, et E-Power en Haiti indique que des investisseurs sont intéressés à adopter le modèle qui est prôné depuis quelque temps en Amérique du Nord, un modèle selon lequel plusieurs compagnies font de la compétition dans le domaine de la production d'énergie électrique tandis que la distribution reste encore un monopole (naturel). Cette proposition empirique s'enorgueillit d'être essentiellement à l'opposé du modèle de privatisation néo-colonialiste. Presque toutes les entreprises publiques d'Haïti ont débuté comme des entités privées; elles furent nationalisées quelques décennies, à la date d'expiration de leurs contrats de concession. L'état d'Haiti a rarement eu assez de capital dans ces greniers pour lancer et adéquatement financer des projets publics nécessaires comme la construction des centrales de génération de l'énergie électrique, des réservoirs à l'eau potable, et des aéroports, des banques nationales, et des voies ferrées. Abandonnons les méthodes archaïques et cessons d'appliquer telles quelles les solutions que d'autres nations ont apporté à leurs problèmes endogènes. Prenons orgueil et fierté de créer nos propres approches endogènes pour notre nation pleine de failles exceptionnelles.

Conclusion

Biographie

Rubens François Titus est né à Port-au-Prince en Février 1969. Il compléta ses études primaires à l'école JMG et celles secondaires à l'institution St. Louis de Gonzague. Il est détenteur d'une Maitrise en Science de Gestion de l'Université *Stevens Institut de Technologie* (Ville de Hoboken, Etat de New Jersey, EUA). Mr. Titus passe ses temps de loisir à augmenter ses connaissances sur l'histoire politique, macro-économique, et diplomatique d'Haiti pour mieux contribuer à guider la diaspora haitienne vers une participation apolitique dans la renaissance de la nation haitienne.

Commentaires Supplémentaires
(non édités et modérément hors du sujet)

Je veux démontrer avant tout que les solutions à la multitude de problèmes que la nation haïtienne confronte doivent être inventées, et ceci dans touts les domaines. Pourquoi publier une proposition empirique au problème du « black-out » en Haiti tandis l'état d'Haiti est intrinsèquement oligarchique et bâti pour oeuvrer contre les intérêts du peuple haitien depuis les années d'Alexandre Pétion? Pourquoi proposer un plan à un Etat qui a été conçu pour être contre mes propres intérêts ? Mes raisons sont multiples; j'énumère quelques unes dans les paragraphes qui suivent.

En premier lieu, l'avenir de demain appartient à Dieu, et seulement à Dieu donc parlons aujourd'hui de ce que l'on peut faire aujourd'hui pour notre bien-être de demain en prenant comme boussole toutes les études révélatrices de notre passé. Il faut commencer quelque part dès maintenant. Le temps n'attend personne. Cessez de se dire que ça va prendre du temps. Haiti est dans une course contre le temps.

En second lieu, elle nous donne une mince indication ou et comment amener les changements fondamentaux dans une nation qui à duré beaucoup trop longtemps dans l'oligarchie étatique et la stagnation économique. Donc, parlons brièvement d'abord d'accès à l'énergie électrique, et ensuite des changements politiques fondamentaux à opérer en Haiti, et finalement l'interconnexion qui existe entre les deux.

L'énergie est sine qua non pour la subsistance de la vie; que l'énergie provienne des aliments que l'on consume, qu'elle vienne du courant électrique, ou bien du carburant qui fait rouler nos voitures et voler les avions, ou bien qu'elle est récoltée des nuclei des atomes d'uranium, l'homme ne peut pas s'en passer. Cependant, l'accès à l'énergie a toujours été relativement difficile pour quiconque. Il faut dépenser de l'énergie pour se procurer de l'énergie; par exemple il faut cultiver la terre aujourd'hui pour pouvoir se nourrir demain. Quoique l'énergie elle-même ait existé en abondance sur la terre et dans l'univers, elle s'est emmagasinée en plusieurs états. L'énergie ne se crée ni ne se perd; elle se transforme. Notre soleil est une source continuelle d'énergie depuis plus de trois milliards d'années mais elle s'éteindra un jour. Le soleil fait grandit les arbres qui produisent nos aliments mais aussi du bois pour la fabrication du charbon qui contient de l'énergie qui cuit nos aliments. Donc, les forêts ont toujours été des réserves d'énergie pour la subsistance de l'homme. Mais gardons-nous de la destruction de nos forêts. Malheureusement, dans notre chère Haiti, le déboisement a déjà atteint des proportions alarmantes (*il faut signaler que le déboisement des mornes d'Haiti a été causé par l'industrie de l'exportation des campêches, du bois acajou, du bois gayac etc. vers l'Angleterre et les Carolines des Etats-Unis d'Amérique depuis les années de la colonie française de Saint Domingue jusqu'aux années 1960 non pas par la coupe des arbres pour la fabrication du charbon de bois par nos paysans pendant ces cinquante dernières années contrairement à ce que les désinformateurs nous disent souvent*). Reboiser Haiti pour le remettre a l'état vierge de « Perle des Antilles » crée par Dieu est une utopie mais reboiser techniquement pour favoriser une augmentation substantielle de la production agricole a l'échelle nationale est très plausible.

Pouvons-nous produire de l'énergie électrique en utilisant le charbon de bois comme source d'énergie initiale ? Bien sur ! Mais ce ne sera pas la méthode la plus efficace de produire du courant électrique car il existe d'autres sources d'énergie beaucoup plus robustes comme le pétrole, l'énergie potentielle de l'eau descendant des montagnes, et surtout l'énergie nucléaire. Pouvons-nous produire de l'énergie électrique en employant 500 jeunes Haïtiens pour manuellement faire tourner des turbines électriques à l'aide de 500 rameurs attachés aux turbines électriques par des chaînes en acier? Bien sur ! Est-ce que ce sera efficace ? Je ne sais pas mais c'est du pain sur la planche pour ceux ou celles qui veulent en présenter des hypothèses. En Haiti, l'énergie électrique est communément produise en capturant dans des barrages en béton l'eau des rivières descendant des montagnes comme c'est le cas des eaux du fleuve « Artibonite » qui prend naissance des les montagnes Cordillères centrales en République Dominicaine. L'énergie électrique est aussi générée en Haiti avec l'aide d'un produit importé, le pétrole raffiné, soit mazout ou d'autres formes. Or le produit importé est le diable des nations moins développées comme Haiti. Est-ce qu'Haiti peut cesser d'importer du pétrole pour sa production d'électricité ? Non

! Certainement pas dans un avenir prochain. Quoi faire ? Privatiser l'EDH le plus efficacement possible pour non seulement étendre un accès à l'énergie électrique au plus grand nombre mais aussi pour ramener le coût du kilowattheure le plus bas que possible en dépit de sa dépendance partiellement d'un produit importé, le pétrole.

Une privatisation endogène de l'EDH ayant pour devise le plus grand intérêt du peuple haitien n'est pas possible sans une révolution politique qui changera radicalement l'objectif de l'état d'Haiti d'un qui protège les acquis d'une minorité au détriment de ceux de la majorité à celui qui travaille pour le bonheur du plus grand nombre d'Haïtiens. Mais comment révolutionner l'état d'Haiti ? Changer radicalement l'état d'Haiti signifie guère un changement de président; ça ne signifie certainement non plus réaliser des élections libres et transparentes avec de l'argent versé par les nations dites « Amies d'Haiti »; car une élection est seulement une procédure constitutionnelle pour choisir des dirigeants politiques; organiser des élections libres, et démocratiques ou pas ne change rien si la première étape fondamentale est continuellement omise. **La première étape fondamentale sur la route de la stabilité politique est l'organisation des états généraux pour aboutir à un contrat social dans lequel les intérêts économiques et sociaux des populations de chaque département géographique seront garantis.**

Révolutionner l'état d'Haiti veut dire l'avènement d'une nouvelle forme de structure étatique de bas en haut et de haut en bas: une nouvelle forme de Parlement avec des nouveaux prérogatives, une réduction significative des prérogatives du Pouvoir Exécutif, spécialement celui du président, et une augmentation substantielle du rôle à jouer par le Pouvoir Judiciaire dans les décisions étatiques de la nation haïtienne. Révolutionner l'état d'Haiti veut dire que le président n'aura plus le droit d'émettre des décrets pour constituer un conseil électoral provisoire ou permanent et de lancer l'organisation des élections. Révolutionner Haiti veut dire que les trois Pouvoirs n'auront plus le droit de nommer leurs représentants dans un conseil électoral. Révolutionner Haiti veut dire que l'organisation des élections ne dépendra plus des caprices des autorités politiques légitimes ou oligarchiques. Révolutionner Haiti veut dire que l'organisation des élections sera automatique car cette tâche sera confiée constitutionnellement corps et âmes à une institution qui sera autonome, composée d'experts apolitiques ayant quasiment très peu d'intérêt personnel lié aux résultats des élections; cette institution devra être financièrement indépendante, et aura un budget mandatoire sur une dizaine d'années consécutives. Ce conseil électoral aura son quartier général à Port de Paix ou à Hinche, ou autre ville de province. La tâche d'un conseil électoral n'exige pas en aucun cas qu'il siège dans la capitale politique haïtienne. Révolutionner l'état d'Haiti signifie que le Parlement Haïtien jouera un rôle proactif plutôt que réactif dans la gestion étatique du pays. Le Parlement Haïtien a généralement été une institution au service du Pouvoir Exécutif considérant que ce dernier détient les caisses de l'Etat et un contrôle sur les forces armées. Il faut y remédier que par des amendements dans la loi mère.

Cette proposition empirique de privatisation de l'EDH doit être matérialisée dans une loi promulguée par un parlement haitien à la suite de débats approfondis et couronnés de discussions académiques d'experts en matières de privatisation, d'économie, d'administration etc . . . . Ma proposition est loin d'être complète et certainement pas exhaustive. L'accès à l'énergie électrique bénéficiera toutes nos couches sociales dans les coins les plus reculés du pays. Vu que le parlement est généralement l'endroit où se réunit les représentants légitimes du peuple pour débattre et statuer sur les intérêts particuliers des différend segments de la population mais aussi si sur des projets d'intérêts nationaux, il n'existe pas d'autres institutions à l'intérieur du pays ayant le devoir de se pencher sur une telle proposition sauf un Parlement Haïtien. Cependant, cette voie est possible seulement et seulement si le Parlement Haïtien devient fonctionnel et productif. Le parlement haitien est désuet et n'a jamais été une institution au service du bien-être d'Haiti. Il a toujours été une institution faible et faiblement conçue par la promulgation des Constitutions oligarchiques.

Comment avoir un parlement productif et fonctionnel ? Il faut d'abord constitutionnellement lui donner des nouveaux pouvoirs. Il faut ensuite voter des nouveaux parlementaires. Comment voter des nouveaux parlementaires et révolutionner l'état d'Haiti en même temps ? Il faut l'organisation des états généraux pour générer un contrat social qui sera un prélude de la nouvelle constitution haïtienne. Notre dernière cession d'états généraux date de 14 à 18 Mai 1803. L'organisation d'états généraux ne sera facile vu l'envergure de la dégradation des ressources humaines du pays et le niveau accru des conflits sociaux et interrégionaux mais c'est une étape obligatoire dans notre poursuite vers une stabilité politique. Les états généraux seront apolitiques, et humanistes. Ce ne sera pas ce qu'on appelle chez nous « Conférence Nationale » entre des partis politiques qui eux-mêmes n'ont pas de légitimité morale ni politique pour rien débattre au nom du peuple haitien. Les participants des états généraux doivent avoir une légitimité au moins morale pour pouvoir se réunir quelque part à l'intérieur d'Haiti, débattre l'avenir d'Haiti et atteindre un compromis historique, et émettre un contrat social au nom du peuple haitien. Ce contrat social pansera les failles et les plaies de la Constitution de 1987 car cette Constitution de 1987 est illégitime, vindicative, démagogique, sectatrice, non endogène, contradictoire, anti-constitutionnelle, et oligarchique.

La Constitution de 1987 (et celles qui la précèdent) fut écrite par des compatriotes qui ne représentent pas légitimement toutes les populations des départements géographiques d'Haiti. Or une constitution est un ensemble de lois fondamentales qui indique la structure étatique d'une nation. Une loi est un dictat aux citoyens. Si l'ensemble des citoyens du pays en 1987 n'a pas donné leur aval à une assemblée constituante, comment cette assemblée a pu recueillir une légitimité pour écrire des lois constitutionnelles au nom des citoyens. En d'autres termes, l'assemblée constituante de 1987 aurait du être composée de citoyens philosophiquement apolitiques envoyés à l'assemblée constitutionnelle par les populations de chaque département géographique du pays. Par conséquent, les constitutions haïtiennes, particulièrement la Constitution de 1987, n'indiquent presque jamais comment l'arrière pays aura sa place au soleil, spécialement comment les intérêts économiques de la paysannerie seront protégés. La Constitution de 1987 est illégitime car ses auteurs ou rédacteurs n'ont pas été choisi par le peuple des neuf départements géographiques du pays.

La Constitution de 1987 a crée un Pouvoir Judiciaire pratiquement avec très peu de pouvoir réel et conséquemment un Pouvoir Judiciaire faible. Mais ce n'est pas une surprise si l'on considère l'Article caduque 291 de cette même constitution. Pourquoi créer un Pouvoir Judiciaire dans une constitution ? Nul n'est sensé ignorer la loi mais en réalité bon nombre de citoyens non seulement ne seront pas au courant des prescrits de la loi mais aussi violeront les prescrits dont ils sont parfaitement imbus. Pour juger l'étendu et la véracité de la violation de la loi par et parmi les citoyens, et prononcer les sentences un Pouvoir Judiciaire s'avère nécessaire. Donc, la création d'un pouvoir judiciaire enlève au Parlement, au Pouvoir Exécutif, ou à d'autres pouvoirs crées par une constitution l'interprétation des lois. Ce qui veut dire que la Constitution elle-même ne doit contenir aucun article qui juge l'étendu d'une violation d'autres articles ou déjà prononce une sentence en conséquence. Cette tâche semble être réservée au Pouvoir Judiciaire. Mais c'est ce que l'Article 291 de la Constitution de 1987 a fait exactement en préméditant et en prononçant une sentence de dix ans de marginalisation des Duvaliéristes ou « toute personne dénoncée par la clameur publique pour avoir pratiquer la torture sur les prisonniers politiques . . . ». Si les rédacteurs de la Constitution de 1987 ont adopté la route périlleuse d'enlever dans la Constitution de 1987 elle-même aux citoyens duvaliéristes leurs droits civils d'avoir un emploi dans leur pays sans donner à ces citoyens un droit de comparaître devant un juge et un juré, donc on comprend bien à quel point les Constituants de 1987 ont été aveuglés par leur sentiment vindicatif envers les Duvaliéristes. En politique démocratique, la vengeance n'a aucune place. La Constitution de 1987 est un document vindicatif.

La Constitution de 1987 est démagogique. Notre chère Haiti est souvent victime des intellectuels qui n'ont aucune scrupule quant il s'agit de jeter aux lions des citoyens au nom de la clameur publique et de la volonté du peuple. Comment savaient-ils la volonté du peuple sans passer d'abord par les urnes ? Personne ne sait. Imaginons que l'article 291 n'exista pas dans la Constitution de 1987. Serait-elle approuvée par le peuple par le referendum du 29 Mars 1987 ? Absolument pas ! Apres presque trente années consécutives de dictature duvaliériste bon nombre d'Haïtiens étaient assoiffés de vengeance mais aussi de justice. Pourquoi les rédacteurs de la Constitution de 1987 ont opte pour le premier au lieu du second ? J'imagine qu'ils n'étaient pas philosophes humanistes. Je voudrais leur demander quoi est exactement « la clameur publique ».

La Constitution de 1987 est sectatrice. Je n'ose pas dire qu'elle est anti-diaspora mais elle est certainement xénophobe. Partant de la doctrine de Dessalines qui stipule que le droit de propriété des terres d'Haiti doit appartenir seulement aux Haïtiens, on a remarqué que les mulâtres idéologues haïtiens ont adopté la Doctrine de Dessalines sans jamais faire l'éloge de la clairvoyance de Dessalines. Par exemple, les mulâtres idéologues Alexandre Pétion et Bruno Blanchet ont quasiment repris l'Article 11 et 12 de la Constitution de 1805 dans leurs constitutions 1807 et 18011. Donc, il semble que l'application de la doctrine de Dessalines a donne naissance a une idéologie xénophobe parmi l'élite intellectuelle haïtienne depuis le début de la nation; cette idéologie de xénophobie s'est métamorphosée en une idéologie de psychose de tout ce qui est d'outre mer (en dehors d'Haiti). Par conséquent, un haitien de la diaspora devient automatiquement victime de cette idéologie de

xénophobie métamorphosée; un haitien de la diaspora devient un «
blanc et un étranger de sa terre natale parce qu'il vit en dehors du pays»
en ce qui concerne les rédacteurs des Constitutions haïtiennes. Mais c'est
une idéologie destructrice. Elle est basée sur la fausse conception que le
patriotisme est mesurable. En d'autres termes, l'amour qu'un Haïtien
a pour son pays s'est évanoui après tant d'années passées en dehors du
pays, ou bien en s'exilant un haitien de la diaspora a tourne le dos vers
son pays. Il n'y a aucune façon de mesurer qu'aucun compatriote resté
au pays est muni de plus de patriotisme qu'un qui s'est exilé malgré lui.
Pourquoi alors une constitution créa deux peuples haïtiens ? Parce qu'elle
est sectatrice.

Les autres arguments feront l'objet d'un autre ouvrage. Pour en finir
avec le « black-out » qui nous torture, il faut que la forme et la structure
étatique de notre chère Haiti change radicalement et révolutionnairement
pour dorer la route à un parlement capable de concevoir des solutions à la
grandeur de son être et de promulguer des lois au bonheur du pays.